VENTE

Des 27 et 28 Janvier 1908

HOTEL DROUOT, SALLE Nº 1

à deux heures

EXPOSITION PUBLIQUE

Le Dimanche 26 Janvier 1908

DE 2 H. A 5 H. 1/2

BELLE ARGENTERIE

MEUBLES ANCIENS
ET DE STYLE

BRONZES D'AMEUBLEMENT

PORCELAINES

De Sèvres, de Saxe, de Chine et du Japon

PANNEAUX ET CANTONNIÈRES
EN TAPISSERIE D'AUBUSSON

TAPIS D'ORIENT

COMMISSAIRE-PRISEUR

Mᵉ F. LAIR-DUBREUIL

6, rue Favart

CATALOGUE

DE

BELLE ARGENTERIE

Beau Surtout de Table en argent ciselé — Services à Thé, à Café et à Sirops
Plats — Légumiers — Saucières — Service à Lunch — Couverts, etc.

BONS MEUBLES

Salle à manger en noyer ciré
Chambre à coucher en acajou garnie de bronzes avec armoire à 3 portes à glaces
Armoire et Bonheur-du-Jour en citronnier — Bibliothèques
Commodes — Armoires — Tables
Bureaux, etc., en marqueterie de bois, acajou, chêne et noyer
Glaces-Trumeaux — Sièges garnis, etc.

PIANO 1/2 QUEUE DE PLEYEL — PIANO DROIT D'ÉRARD

MEUBLES ANCIENS

BRONZES D'AMEUBLEMENT

Belle garniture de cheminée de DASSON

PORCELAINES

De Sèvres, de Saxe, de Chine et du Japon

Important Service de Table en porcelaine de Saxe
Beau Service de Table en porcelaine de Sèvres

Objets variés

PANNEAUX ET CANTONNIÈRES EN TAPISSERIE D'AUBUSSON
Rideaux tentures — Tapis d'Orient

DONT LA VENTE AUX ENCHÈRES PUBLIQUES AURA LIEU

HOTEL DROUOT, SALLE N° 1

Les Lundi 27 et Mardi 28 Janvier 1908, à 2 heures

COMMISSAIRE-PRISEUR : Me **F. LAIR-DUBREUIL**, 6, rue Favart

---

EXPOSITION PUBLIQUE

Le Dimanche 26 Janvier 1908, de 2 heures à 5 h. 1/2

CONDITIONS DE LA VENTE

Elle sera faite au comptant.

Les adjudicataires paieront *dix pour cent* en sus des enchères.

Paris. — Imp. de l'Art, CH. BERGER et Cⁱᵉ, 41, rue de la Victoire.

DÉSIGNATION

ARGENTERIE

1 — Surtout de table en argent ciselé, composé de : une pièce de milieu formée par deux figures allégoriques supportant une grande palme, sur laquelle est placé un groupe de trois petits bacchants, et deux pièces d'accompagnement composées chacune d'un groupe d'amours sur un socle de forme cylindrique, auquel se rattachent quatre coquilles mobiles.

2 — Important service à thé en argent ciselé et repoussé, de style Renaissance, composé de : bouilloire et sa lampe, cafetière, chocolatière, sucrier et sa pince à sucre, bol avec double fond, boîte à biscuit, boîte à thé et sa cuillère, pot à lait, pot à crème, grand plateau et petit plateau.

3 — Service à liqueurs, de style Louis XV, composé de : trois carafons et dix petits verres en cristal, montés en argent, plus un plateau de forme contournée en argent. De la *Maison Boin-Taburet*.

4 — Service à thé ou à café, composé de : douze tasses, deux sucriers, deux pots à crème en porcelaine anglaise montés en argent, plus douze sous-tasses, douze cuillères à café et deux pinces à sucre en argent. Travail anglais.

5 — Quatre saucières sur plateaux adhérents, anses à ceps de vigne.

6 — Deux légumiers avec couvercle, bordure à perle, anses à branchages.

7 à 9 — Dix plats ronds de différentes grandeurs, bordure à perlé. (Seront divisés.)

10 — Deux grands plats ovales et deux plats moyens, bordure à perlé.

11 — Service à sirop, composé de : deux carafes, douze verres en cristal montés en argent, manches à cariatides ailées ciselées et un plateau en cristal, bordure en argent.

12 — Quatre carafes en cristal montées en argent, décor à ceps de vigne.

13 — Deux coupes en cristal, à côtes, montées en argent ; dessin à fleurs et feuillages.

14 — Douze assiettes à salade en cristal, montées en argent.

15 — Douze petites coupes à fruits en cristal, montures en vermeil.

16 — Douze petites assiettes à beurre, forme Louis XV, ornées de figurines d'hommes et de femmes.

17 — Six verres en cristal gravé avec porte-verres en argent repoussé de style Renaissance.

18 — Douze petites salières à trois compartiments en argent côtelé et vingt-quatre petites pelles à sel et à moutarde. Travail anglais.

19 — Deux porte-burettes et deux moutardiers en argent ciselé et ajouré à figures d'enfants. Style Louis XVI.

20 — Moulin à poivre en argent guilloché à figures d'amours. Style Louis XVI.

21 — Deux coupes en cristal gravé. Montures en argent.

22 — Deux grands porte-bouquets en argent gravé. Modèle à palmiers.

23 — Deux corbeilles à pains ovales et douze corbeilles rondes, travail ajouré; bordure à branchages.

24 — Douze fourchettes et douze couteaux à lunch en vermeil, manches en argent ciselé de style Renaissance.

25 — Douze couteaux à beurre en argent, manches ciselés de même style.

26 — Quatre hatelets à figures d'animaux ciselés.

27 — Service à fraises composé d'une pelle et de douze petites fourchettes. *De la Maison Tiffany.*

28 — Vingt-quatre fourchettes à huîtres. Modèle Louis XV.

29 — Vingt-quatre manches à côtelettes de même style.

30 — Deux bougeoirs et leur éteignoir en argent guilloché.

31 — Sucrier avec couvercle et sa cuiller en argent anglais modern-style, intérieur en verre.

32 — Douze coquilles en argent, intérieur en vermeil.

33 — Huit montures de verres en argent et cinq verres en cristal.

34 — Pelle à gâteau en vermeil, manche en argent.

35 — Douze cuillers à dessert en vermeil, manches ciselés. Style Renaissance.

36 — Quatre cuillers à compote en vermeil, manches en cristal doré.

37 — Deux fourchettes à deux dents, manches en argent, parties dorées. De style Renaissance.

38 — Douze fourchettes à homards en argent.

39 — Cuiller à eau sucrée en vermeil.

40 — Six petites pinces à asperges en argent poli.

41 — Pelle à homard en vermeil.

42 — Douze cuillers à œufs en vermeil, manches ciselés.

43 — Service composé de : quatre pièces à hors-d'œuvre, une pince à asperges, un service à salade et un couteau à découper.

44 — Trois ciseaux à raisin, ciselés et dorés.

45 — Deux pelles à glace en vermeil.

46 — Vingt-quatre cuillers à dessert. Une cuiller et une pince à sucre en vermeil.

47 — Quatre fourchettes à deux dents en argent gravé.

48 — Deux ciseaux à raisin en vermeil.

49 — Fourchette à homard en argent.

50 — Boîte à sardines en cristal et argent.

51 — Corbeille à pain en argent gravé.

52 — Confiturier en cristal doré, couvercle garni en argent et plateau en argent.

53 — Tasse et soucoupe en argent.

54 — Deux paires de flambeaux Louis XIII en argent, avec écusson armorié gravé.

55 — Paire de flambeaux de même modèle en argent.

56 — Porte-huilier en argent d'époque Premier Empire.

57 — Chocolatière tripode en argent d'époque Louis XV.

58 — Moutardier et deux salières, forme bateau, en argent. Époque Louis XVI.

59 — Plat rond en argent, bordure guillochée à palmettes. Commencement du xixe siècle.

60 — Deux cuillers à sucre en argent dont une d'époque Louis XVI.

61 — Couvert d'enfant en vermeil.

62 — Truelle à poisson en argent.

63 — Six couteaux à dessert, manches en nacre, lames et montures en vermeil.

64 — Douze cuillers à café en vermeil.

65 — Soixante-dix jetons en argent à l'effigie de Louis XV.

66 — Médaille en argent à l'effigie de Napoléon III.

67 — Sucrier en argent gravé, couvercle à bouquet de fleurs ciselé.

68 — Cafetière tripode en argent.

69 — Douze couverts de table, une louche et douze cuillers à café modèle à filets.

70 — Cinq couverts de table, modèle à filets.

71 — Six couverts de table à filets.

72 — Douze cuillers à café à filets.

73 — Couvert à salade en ivoire, manches en argent.

74 — Douze couverts à entremets. Modèle Louis XV.

75 — Six autres de même modèle.

76 — Six couverts de table. Modèle Louis XV.

MÉTAL ARGENTÉ

77 — Deux grands brocs en cristal taillé, monture en métal argenté.

78 — Paire de flambeaux à cannelures en métal argenté.

79 — Deux bougeoirs de voyage en métal argenté de Leuchars.

80 — Monture de tonnelet à pickles en métal.

PORCELAINES, VERRERIE

81 — Beau et important service de table et à dessert en porcelaine de Saxe, à décor bleu sur fond blanc, composé d'environ six cents pièces. (Ce service pourra être divisé.)

82 — Beau service de table et à dessert en porcelaine de Sèvres, fond gros bleu, à décor doré, composé d'environ deux cents pièces.

83 — Service à thé en faïence, à décor de fruits.

84 — Lustre en porcelaine de Saxe.

85 — Pendule et deux candélabres en porcelaine de Saxe.

86 — Deux petits groupes en porcelaine de Saxe.

87 — Corbeille ajourée en même porcelaine.

88 — Sucrier avec couvercle et plateau en porcelaine de Saxe.

89 — Groupe en porcelaine de Saxe.

90 — Paire de vases en porcelaine de Saxe, décor ajouré, fleurs en relief.

91 — Trois socles en porcelaine de Saxe.

92 — Paire d'appliques à six lumières en porcelaine de Saxe.

93 — Glace avec cadre en porcelaine de Saxe.

94 — Paire de candélabres, à quatre lumières, en porcelaine de Saxe.

95 — Paire de bouts de table, à deux lumières, en porcelaine de Saxe.

96 — Groupe en porcelaine de Saxe : le Galant gentilhomme.

97 — Figurine en porcelaine de Saxe : Bouquetière.

98 — Quatre petites figurines en porcelaine de Berlin.

99 — Deux petits groupes en porcelaine : Singes musiciens.

100 — Deux oiseaux en porcelaine de Saxe, décor au naturel.

101 — Groupe en biscuit de Sèvres : Vénus et l'Amour.

102 — Grand vase en faïence de Copenhague.

103 — Paire de potiches en porcelaine de Chine, décor à scènes familières, insectes et fleurs.

104 — Quatre assiettes en porcelaine, décorées de fleurs.

105 — Petit flambeau et très petit bourdalouc en porcelaine.

106 — Grande potiche en porcelaine de Chine laquée noir, décor à personnages en couleur; socle et couvercle en bronze doré.

107 — Potiche couverte en porcelaine de Chine, décor de fleurs et d'oiseaux sur fond rouge; socle en bronze doré.

108 — Paire de potiches couvertes en porcelaine du Japon, décor en bleu, rouge et or.

109 — Vasque en porcelaine de Chine.

110 — Paire de vases à piédouche en porcelaine blanche, décor de fleurs et d'oiseaux.

111 — Paire de vases couverts forme ovoïde en porcelaine décorée ; monture en bronze de style Louis XVI.

112 — Paire de lampes en Satsuma ; monture en bronze de style chinois.

113 — Deux statuettes en porcelaine : soubrette et galant.

114 — Grand plat en faïence décorée fond gros bleu.

115 — Neuf assiettes à dessert en porcelaine décorée.

116 — Paire de petits vases en porcelaine craquelée de Chine.

117 — Vase à goulot en faïence, à décor oriental. Pichet en grès allemand, couvercle en étain.

118 — Beau service de verrerie en cristal de Baccarat, composé d'environ deux cent-soixante pièces.

119 — Verre d'eau en verre de Venise.

120 — Vase en verre de Bohème décoré d'armoiries.

BRONZES

121 — Belle garniture de cheminée en bronze et bronze doré de *Dasson*, composé de : Une pendule à figure d'Hercule enfant, accoudé sur le cadran, et deux candélabres à cinq lumières.

122 — Statuette en bronze : Diane chasseresse.

123 — Statuette en bronze : Le Rémouleur.

124 — Figurine de Femme en bronze doré se chauffant à une lumière électrique. Signé : *Allion*. Socle en marbre.

125 — Guéridon rond en bronze ciselé et doré sur quatre pieds à têtes de femmes engainées, ceinture décorée de frises à jeux d'amours.

126 — Cartel en bronze doré. Style Louis XV.

127 — Lustre en bronze doré de style Louis XVI, garni de cristaux.

128 — Paire d'appliques en bronze de même style.

129 — Paire d'appliques en bronze ciselé et doré à quatre lumières. Style Louis XV.

130 — Garniture de cheminée en bronze doré de style Louis XVI, composée de : Une pendule forme monument, deux candélabres à cinq lumières et deux flambeaux.

131 — Pendule et deux candélabres à cinq lumières en bronze doré. Style Louis XV.

132 — Petite pendule à colonnettes en marbre blanc et bronze. Louis XVI.

133 — Pendule en bronze et marbre blanc à figure d'enfant.

134 — Pendule à colonnes en bronze doré. Commencement du xixᵉ siècle.

135 — Petite pendule en marqueterie de cuivre. Style Régence.

136 — Lampe de parquet en fer.

137 — Galerie de foyer en bronze doré. Style Louis XVI.

138 — Quatre flambeaux en cuivre. Commencement du xixᵉ siècle.

139 — Plateau de service en bronze argenté.

OBJETS VARIÉS

140 — Grand vase à piédouche en terre cuite, orné de mascarons et représentant sur la panse une ronde de nymphes et de faunes. XVIIIe siècle.

141 — Grand coffre en fer repoussé orné d'applications de fleurs de lys, d'oiseaux et attributs divers en fer forgé. Époque XVIIIe siècle.

142 — Coffret oriental plaqué d'écaille.

143 — Petite psyché formant meuble à bijoux en marqueterie de bois. Travail hollandais.

144 — Vase couvert en marbre blanc à cannelures, sur socle piédouche en marbre de couleur.

145 — SINET (André). Le Déshabillé. Pastel.

146 — Gravure : le Cortège de la Mariée.

147 — Gravure : la Veille des Noces.

148 — Gravure : la Madone Sixtine de Dresde.

149 — Statuette de Nègre portant un coquillage. Bois sculpté.

150 — Statuette en terre cuite : Noël.

151 — Bonbonnière en bois, garnie de cuivre.

152 — Trois fusils et deux sabres orientaux.

153 — Glace à chevalet, cadre décoré au vernis.

154 — Coffret-écritoire en bois laqué.

155 — Petit rouet en noyer.

156 — Rouet en bois sculpté.

157 — Petite lampe à colonne en marbre vert.

158 — Deux appliques, forme éventail, en faïence, à trois lumières en bronze.

159 — Montre, d'époque Louis XVI, en or de deux couleurs.

160 — Montre et très petite cuiller en or.

161 — Petite montre de dame en or guilloché.

162 — Petite montre en argent.

163 — Deux tabatières : l'une en écaille plaquée d'or, l'autre en bois, montée en or.

MEUBLES

164 — Console demi-lune reposant sur quatre pieds. cannelés en chêne sculpté. Époque Louis XVI.

165 — Bureau plat en acajou, dessus en maroquin vert. Époque Louis XVI.

166 — Bureau dos d'âne en marqueterie de palissandre, garni de sabots et d'entrée de serrures en bronze. Époque Louis XV.

167 — Grand trumeau Louis XVI en chêne, orné dans le haut d'un panneau sculpté à carquois et guirlandes de roses.

168 — Petite console Louis XV en bois sculpté doré. Dessus en marbre brèche.

169 — Support en bois sculpté laqué blanc. Style Louis XV.

170 — Commode en bois de placage, garnie de trois tiroirs et ornée de bronzes dorés. Époque Régence.

171 — Commode Louis XIV, garnie de bronzes.

172 — Lit en bois sculpté, peint blanc, d'époque Louis XVI.

173 — Commode en acajou, à poignées de cuivre.

174 — Console en acajou, à dessus de marbre.

175 — Commode forme demi-lune, à deux tiroirs, en marqueterie de bois; dessus de marbre. Style Louis XVI.

176 — Bureau en bois de placage, garni de bronzes. Style Régence.

177 — Bibliothèque en bois de placage, garnie de bronzes.

178 — Belle armoire d'encoignure en acajou, ouvrant à cinq portes dont trois sont à glaces biseautées. *De la Maison Maple.*

179 — Lit de milieu en chêne sculpté, de style Renaissance.

180 — Deux meubles ouvrant à un vantail en chêne sculpté. Même style.

181 — Glace avec cadre en bois sculpté et doré, fronton à corbeille de fleurs.

182 — Glace-trumeau, encadrement en bois sculpté, peint blanc et or, fronton à trophées, fleurs et feuillages. Style Louis XVI.

183 — Piano demi-queue de Pleyel en palissandre.

184 — Piano droit d'Erard en palissandre.

185 — Bel ameublement de chambre à coucher en acajou, garni de bronzes dorés de style Louis XVI, composé de : une armoire à trois portes à glaces biseautées, un lit de milieu avec sommier et une table de nuit.

186 — Ameublement de salle à manger en noyer ciré, de style Henri II, composé de : un buffet-vaisselier, une servante, une table et dix chaises garnies en cuir.

187 — Meuble bonheur-du-jour en citronnier et thuya, orné de bronzes. Style Louis XVI.

188 — Grande table-bureau en noyer sur quatre pieds-balustres, reliés par une entrejambe.

189 — Meuble à deux corps en noyer ciré, ouvrant à six vantaux.

190 — Grande armoire en citronnier sculpté, à trois portes à glaces biseautées.

191 — Grande bibliothèque en bois sculpté, ouvrant à cinq vantaux décorés de ferrures. Style Renaissance.

192 — Table-guéridon en bois d'acajou fileté de citronnier. Style anglais.

193 — Meuble d'angle en acajou.

194 — Grande table-bureau en chêne sculpté.

195 — Armoire à cigares en noyer sur petite table à quatre pieds.

196 — Table à développement en noyer sculpté.

197 — Fausse cheminée en noyer sculpté, de style Renaissance, et son cadre de glace.

198 — Écran en bois sculpté et doré, montants supportés par des cygnes; feuille en soie crème brodée. Style Premier Empire.

199 — Table en noyer sculpté et ciré, style Henri II; dessus de panne rouge.

200 — Support à quatre pieds en bois sculpté et doré. Style Louis XVI.

201 — Deux petites consoles en noyer sculpté, surmontées chacune d'un miroir à glace biseautée.

202 — Table de toilette en noyer sculpté.

203 — Table de chevet en acajou et filets de cuivre. Style Louis XVI.

204 — Lit de repos en noyer sculpté couvert en reps vert.

205 — Écran, monture en bambou, feuille en soie peinte.

206 — Paire de colonnes en bois peint.

207 — Grande horloge en noyer.

208 — Niche à chien, forme chalet.

209 — Table à thé en bois laqué blanc.

210 — Deux colonnes en noyer sculpté.

211 — Gaine en noyer sculpté, à dessus de marbre blanc.

212-213 — Deux tables à jeu en noyer sculpté.

214 — Table à jeu pliante en bois noir.

215 — Baromètre en bois doré et sculpté. Commencement du XIXe siècle.

216 — Table à jeu en bois noir.

217 — Table à livres en bois noir.

218 — Glace, cadre en peluche bleue.

219 — Socle-support en bois sculpté et laqué blanc.

SIÈGES

220 — Lit de repos, deux fauteuils et deux chaises en bois verni et tapisserie au point.

221 — Petit canapé en bois sculpté et doré, de style Louis XVI, avec coussin en soie brochée.

222 — Deux fauteuils en bois sculpté, cannés, avec leurs coussins en soie brochée. Style Louis XV.

223 — Deux bergères en acajou ornées de bronzes, garnies en velours frappé, fond jaune. Style Louis XVI.

224 — Quatre chaises en bois doré, garnies en soie brochée, fond rose à bandes de fleurs.

225 — Canapé en bois sculpté, couvert en soie brochée à fleurs sur fond crème. Style Louis XVI.

226 — Deux chaises de même modèle.

227 — Deux fauteuils en noyer sculpté, garnis en panne rouge.

228 — Grand fauteuil de bureau en noyer, couvert en cuir brun.

229 — Fauteuil Voltaire, garni de reps vert.

230 — Deux fauteuils confortables, couverts en reps vert.

231 — Petit tabouret X, couvert en même étoffe.

232 — Grand canapé en maroquin rouge.

233 — Deux chaises couvertes en maroquin rouge.

234 — Deux chaises en bois laqué blanc, garnies en tapisserie au point.

235 — Trois chaises en bois laqué blanc.

236 — Chaise-fumeuse, garnie en peluche bleue.

237 — Fauteuil Voltaire, couvert en soie brochée, fond saumon.

238 — Deux grands fauteuils en bois sculpté, garnis en cuir gaufré. Style Louis XIV.

239 — Deux chaises-chauffeuses, garnies en soie chaudron.

240 — Deux fauteuils en noyer, garnis en toile imprimée à fleurs.

241 — Canapé, deux fauteuils et deux chaises en bambou, avec coussins en velours vert-d'eau.

242 — Canapé d'angle, couvert en velours imprimé à fleurs; dossier orné de gravures à sujets de chasse.

243 — Deux chaises en acajou, sièges garnis en maroquin rouge. Style anglais.

244 — Meuble de salon, composé de : un canapé, deux fauteuils, deux chaises et deux tabourets, garnis en peluche bleue.

245 — Deux fauteuils capitonnés et deux chaises, garnis en étoffe fond rouge.

TAPISSERIES

TENTURES, TAPIS

246 — Huit panneaux en tapisserie d'Aubusson moderne, présentant, dans un encadrement à draperies, des médaillons entourés de fleurs, à figures d'amours en grisaille, des rinceaux et des consoles supportant des trophées d'instruments de musique sur fond crème; contrefond vert-d'eau.

247 — Cinq cantonnières en tapisserie d'Aubusson moderne, décor à draperies, bouquets de fleurs et festons sur fond vert.

248 — Deux panneaux en broderie.

249 — Quatre rideaux en soie rose brochée.

250 — Six rideaux en peluche bleue avec bandeaux.

251 — Grand tapis d'Aubusson fond rouge, médaillon central à fleurs sur fond gris encadré de volutes et de bouquets de fleurs. Bordure fond vert.

Long., 6 m. 15 cent.; larg., 5 m. 15 cent.

252 — Grand tapis persan, fond rouge, à décor polychrome.

Long., 5 m. 60 cent.; larg., 4 m. 60 cent.

253 — Grand tapis de Smyrne.

254 — Tapis oriental, à dessin polychrome sur fond
crème, bordure bleue.

3 m. 65 cent. × 2 m. 75 cent.

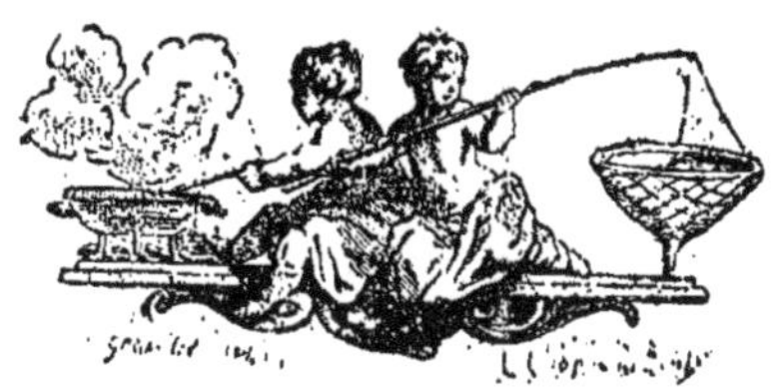